sophia handschuh

Gesund gemixt

Frische Rezepte für Thermomix®

Impressum

Kontakt
redaktion@zaubertopf.de

Shop
www.falkemedia-shop.de

Herausgeber
falkemedia GmbH & Co. KG
K. A. Goukassian (v. i. S. d. P.)

ISBN 978-3-96417-059-0

Aus der mein ZauberTopf-Redaktion

Hinweis: Bei Thermomix® und TM5® handelt es sich um eingetragene Marken von Vorwerk. Es bestehen keine geschäftlichen Beziehungen zu Vorwerk.

Deutsche Fassung
Vivien Koitka (Chefredakteurin),
Nadja Ulrich (Grafik),
Lara Klemm (Grafik),
Jenifer Nadolski (Redaktion),
Charlotte Marx (Redaktion),
Vivien Windel (Übersetzung/Redaktion)

Lektorat
SchlussBlick

Gesund gemixt *steht für großartige Gerichte, die euch neue Energie geben, ein gutes Gefühl verleihen und gesund halten. Es ist ein frischer Ansatz zum Backen – mit weniger Zucker, unterschiedlichen Mehlsorten und alternativen Techniken. Mit dieser Rezeptsammlung könnt ihr die Kunst des gesunden Kochens und Backens erlernen. Taucht mit mir in das Kochen mit Thermomix® ein und lernt frische Lebensmittel kennen, die euch und eurem Körper guttun.*

Inhalt

Vorwort

— drei Wege zum gesunden Kochen und Backen

Gebäck muss wirklich nicht schlecht für euch sein. Es gibt keinen Grund, warum man nicht ein Stück Limettenkuchen essen kann und sich danach wohlfühlt. Alles, was ihr braucht, sind ein paar einfache Tricks, um eure Backgewohnheiten auf eine gesündere Art und Weise umzustellen. Ich bin keine Bäckerin, die nur auf gesunde Zutaten achtet und ich liebe Zucker, aber ich glaube, dass es einen Bedarf für ein wenig Ausgewogenheit gibt, und mit ein paar einfachen Tricks kann man auch an diesen Punkt gelangen.

Mehle

Mehl ist ein wesentlicher Bestandteil von Gebäcken, und wenn ihr euch nach dem Verzehr von Kuchen, Brot oder Keksen aufgebläht fühlt, ist es an der Zeit, neue Mehlarten auszuprobieren. Warum nicht versuchen, zuerst eine simple Änderung vorzunehmen, indem ihr auf Vollkornmehl umsteigt, um sich an Alternativen zu gewöhnen. Ihr könnt euer eigenes Vollkornmehl herstellen, indem ihr Körner nehmt und sie mahlt. Verwendet es, um eure altbewährten Kuchenrezepte einfach abzuwandeln, oder probiert stattdessen Dinkelmehl aus. Das habe ich bei dem weihnachtlichen Karottenkuchen für dieses Buch gemacht (siehe nebenstehendes Bild). Das Rezept findet ihr auf Seite 57. Ihr könnt sogar auch mal etwas Roggenmehl hinzuzufügen, um den Ballaststoffgehalt zu erhöhen. Mandelmehl oder gemahlene Mandeln sind großartige glutenfreie Alternativen und machen einen Schokoladenkuchen so viel schmackhafter – schaut euch die mehlfreie Rote-Bete-Schoko-Tarte (Seite 65) im Kapitel „Süßes" an. Polenta kann eurem Gebäck einen Hauch von italienischem Geschmack verleihen. Ich empfehle, zunächst die Hälfte des Mehls in eurem Rezept durch die oben genannten Alternativen zu ersetzen und zu schauen, wie das Backergebnis wird. Achtet jedoch darauf, einen zusätzlichen Teelöffel Backpulver hinzuzufügen, damit euer Gebäck fluffiger wird.

Zucker

Wenn ihr den Weg des gesunden Backens gehen oder einfach nur euer körperliches Wohlbefinden verbessern wollt, sollte der Verzicht auf raffinierten Zucker ganz oben auf eurer Liste stehen. Ich habe aufgehört, raffinierten Zucker zu verwenden, und muss sagen, dass ich mich viel besser fühle. Ich würde empfehlen, den gesamten raffinierten Zucker sofort durch Rohrzucker zu ersetzen, und wenn in einem Rezept Puderzucker benötigt wird, könnt ihr den Rohzucker **5 Sek. / Stufe 10** mahlen. Agavendicksaft, Ahornsirup und Reissirup sind gute Alternativen für Zucker. Sie werden nicht so schnell vom Blutkreislauf aufgenommen, was einen Anstieg des Insulinspiegels verhindert.

Ihr werdet feststellen, dass ich in vielen Rezepten in diesem Buch Ahornsirup verwende und die anderen Optionen erwähne, damit ihr entscheiden könnt, welche ihr bevorzugt. Ein tolles Rezept für die Verwendung von Ahornsirup ist meine gesunde Zitronentarte (Seite 62), die auch als Zitronen-Müsliriegel zubereitet werden kann. Reissirup ist wahrscheinlich die gesündeste Alternative von allen, da er von den aufgezählten Alternativen die beste Zusammensetzung hat: Er besteht aus Mehrfachzuckern die langsamer vom Körper aufgenommen werden, und somit das Verlangen nach noch mehr Süße hemmen.

Fette

Butter scheint oft die einzige Möglichkeit beim Backen zu sein. Dies mag für Blätterteig zutreffen, aber es gibt eine breite Palette von Zutaten, die ihr verwenden könnt. Olivenöl ist etwa eine hervorragende Alternative zu Butter bei der Kuchenherstellung, besonders für Karottenkuchen. Ich benutze oft Banane oder Avocado als Ersatz für Fett. Banane ist von Natur aus süß, sodass ihr sogar auf jeden zusätzlichen Süßstoff verzichten könnt. Avocado eignet sich hervorragend zur Herstellung von Cremes, z. B. Eiscreme oder für Pasteten.

Starte in den Tag

— *Pumpernickel im Glas*

— *Frühstücksmuffins*

— *Kokosnuss-Buchweizen-Granola*

— *Allrounder-Brot*

— *Dreierlei bunte Brotaufstriche*

ergibt
3 Gläser

Pumpernickel im Glas

— besonders lecker mit Räucherlachs

Pumpernickel ist ein schön dunkles und gesundes Brot, das ursprünglich aus dem Westfälischen stammt. Hier wird er bei niedriger Temperatur in einem Einmachglas gebacken, um eine feuchte Atmosphäre zu schaffen und das Austrocknen zu verhindern. Der Geschmack ist wunderbar süß und der Pumpernickel hat die perfekte Form für kleine Sandwiches. Mit geräuchertem Lachs und Gurkenscheiben oder als Pausenbrot mit Käse und Schinken belegen – und schon habt ihr eine köstliche Mahlzeit mit vielen Ballaststoffen.

250 g Roggenkörner
250 g Dinkelkörner
500 g Milch
2 EL Weißweinessig
150 g Zuckerrübensirup
1 EL Trockenhefe (oder 30 g frische Hefe)
100 g Dinkelmehl
50 g Sonnenblumenkerne
50 g Leinsamen
1 EL Malzextrakt (optional)
1 EL grobes Meersalz
20 g weiche Butter (oder Pflanzenöl)
30 g Haferflocken

1. Die Roggenkörner in den Mixtopf geben und **20 Sek. / Stufe 10** mahlen. In eine große Schüssel umfüllen und beiseitestellen.
2. Die Dinkelkörner in den Mixtopf geben und **20 Sek. / Stufe 10** mahlen. Zu dem Roggenschrot in die Schüssel geben.
3. Die Milch mit dem Weißweinessig in den Mixtopf geben und **10 Sek. / Stufe 2,5** vermischen. 10 Minuten gerinnen lassen.
4. Zuckerrübensirup mit Hefe zufügen und **2 Min. / 37 °C / Stufe 2,5** erwärmen. Geschrotete Körner, Dinkelmehl, Sonnenblumenkerne, Leinsamen, optional Malzsirup sowie Salz zufügen und **2 Min. / Teigmodus** kneten.
5. Drei 850-ml-Weckgläser mit Butter fetten und großzügig mit Haferflocken bestäuben. Den Teig auf die Gläser aufteilen (ungefähr halb voll) und die Deckel locker auflegen. In den Ofen stellen (Vorheizen nicht nötig) und bei 160 °C Ober-/Unterhitze 3 Stunden backen.
6. Sobald die Brote fertig gebacken sind, aus dem Ofen nehmen. Den Deckel mit dem Gummi und den Metalklammern verschließen, während die Brote noch heiß sind, um sie zu konservieren. Ihr könnt die gebackenen Pumpernickel in den Gläsern bis zu 1 Monat an einem kühlen Ort im Haus aufbewahren. Alternativ könnt ihr das Brot aus den Gläsern nehmen und auf ein Kuchengitter zum Abkühlen stellen. Nach dem Anschneiden in einem Brotsack aufbewahren, dann ist es bis zu 1 Woche haltbar.

BREAD

ergibt 24 Stück

Frühstücksmuffins

— mit Kurkuma, Blaubeeren & Aprikosen

Ich könnte mir ein Frühstück ohne diese fruchtigen, bunten kleinen Muffins nicht mehr vorstellen. Sie sind vollgepackt mit leckeren Zutaten – und das Beste ist, dass man sie einfrieren kann, sodass man stets Muffins ohne weitere Arbeit bereithat. Kurkuma verleiht dem Gebäck einen zusätzlichen Gesundheitskick.

100 g Walnusskerne
85 g glutenfreie Haferflocken zzgl. etwas mehr zum Bestreuen
90 g Dinkelmehl
25 g Maisstärke
1 EL Backpulver
150 g getrocknete Aprikosen
160 g griechischer Joghurt
2 Bananen
3 Eier
80 g natives Olivenöl extra
1 TL Kurkuma (oder etwas weniger, je nach Geschmack)
1 Prise grobes Meersalz
200 g frische Blaubeeren (oder TK, vorher aufgetaut) zzgl. 30 g zum Garnieren

1. Ofen auf 180 °C Ober-/Unterhitze vorheizen. 2 Muffinbleche mit Muffinförmchen auskleiden. Wenn ihr nur 1 Muffinblech habt, lasst die Hälfte des Teigs im Mixtopf und deckt ihn mit Frischhaltefolie ab, während ihr das erste Blech Muffins backt.
2. Walnusskerne, Haferflocken, Dinkelmehl, Maisstärke und Backpulver in den Mixtopf geben. Anschließend **5 Sek. / Stufe 10** vermahlen. Umfüllen und beiseitestellen.
3. Aprikosen, griechischen Joghurt sowie Bananen in den Mixtopf geben und **10 Sek. / Stufe 6** vermischen. Mit dem Spatel nach unten schieben. Eier, Olivenöl, Kurkuma und Salz zufügen, **20 Sek. / Stufe 4** mischen. 200 g Blaubeeren und die Walnusskerne zugeben und **15 Sek. / Linkslauf / Stufe 3** unterheben. Falls nicht alle Blaubeeren vollständig unter den Teig gemischt wurden, diese mit dem Spatel unterheben.
4. Teig auf Muffinförmchen verteilen, bis sie halb voll sind. Mit ein paar Haferflocken bestreuen und mit den übrigen Blaubeeren garnieren. Im vorgeheizten Ofen für 20–25 Minuten backen, bis die Muffins goldbraun sind.

ergibt
1 Glas á 1100 g

Kokosnuss-Buchweizen-Granola

Das Frühstück ist die wichtigste Mahlzeit des Tages. Ich bin ein großer Fan von Müsli und immer auf der Suche nach neuen Kombinationen. Vor Kurzem war ich in meinem Lieblings-Frühstückscafé in London, im „Dishoom". Es gab dort unglaublich toll gewürzte Granola. Wieder zu Hause , versuchte ich es genau so nachzumachen. Mit der zusätzlichen Beigabe von Kokosnuss habe ich eine schmackhafte Version des Originals kreiert, die am besten mit etwas griechischem Joghurt und frischem Obst serviert wird.

125 g Kokosnussöl
50 g Ahornsirup (oder Agavendicksaft)
½ TL Vanilleextrakt
125 g Wasser
50 g Mandelkerne
50 g Cashewkerne
50 g Haselnusskerne
30 g Sonnenblumenkerne
10 g Kürbiskerne
10 g Leinsamen
1 TL Zimtpulver
½ TL grobes Meerzalz
100 g Buchweizensamen
80 g Buchweizenmehl
350 g glutenfreie Haferflocken
50 g Kokosnussflocken

1. Ofen auf 200 °C Ober-/Unterhitze vorheizen. Ein Blech mit Backpapier auslegen.
2. Kokosnussöl, Ahornsirup, Vanilleextrakt und Wasser in den Mixtopf geben und **4 Min. / 55 °C / Stufe 1** erwärmen.
3. Mandel-, Cashew-, Haselnuss-, Sonnenblumen- und Kürbiskerne, Leinsamen, Zimt, Salz, Buchweizensamen, Buchweizenmehl sowie Haferflocken zufügen. Alles **15 Sek. / Linkslauf / Stufe 3** vermischen. Es sollte eine feste, klebrige Masse entstehen.
4. Die Masse mithilfe des Spatels auf dem Backblech verteilen. Es sollte eine gleichmäßige Schicht entstehen, die aber auch hier und da ein paar Lücken haben kann.
5. Im Ofen für 20–25 Minuten backen und alle 10 Minuten durchmischen. In den letzten 3 Minuten die Kokosnussflocken dazugeben und die Granolamischung backen, bis sie goldbraun ist. Dabei darauf achten, dass die Kokosnussflocken nicht zu dunkel werden.
6. Aus dem Ofen nehmen und abkühlen lassen. Dann die Granola in Stücke brechen. In einem großen Einmachglas gelagert hält sich die Mischung bis zu 1 Monat.

ergibt 1 Brot,
6 Brötchen oder 2 Pizzas

Allrounder-Brot

Ist es nicht toll, wenn man aus einem Rezept so viele verschiedene Dinge machen kann? Dieses Vollkornbrotrezept gibt euch die Möglichkeit, einen großen Brotlaib, erstaunlich fluffige Brötchen, Burger oder einen Pizzaboden für ein tolles Abendessen mit der Familie zu backen. Es wird überwiegend aus Vollkornmehl hergestellt, enthält aber auch einen geringen Anteil an Weißmehl. Wenn ihr nur Vollkornmehl verwenden möchtet, müsst ihr etwas mehr Wasser hinzufügen.

300 g Wasser
1 EL Trockenhefe (oder 30 g frische Hefe)
20 g natives Olivenöl extra zzgl. etwas mehr zum Fetten
10 g Honig
400 g Weizenvollkornmehl
100 g Mehl Type 550 zzgl. etwas mehr zum Bearbeiten
1 EL grobes Meersalz

1. Das Wasser mit Hefe, Olivenöl sowie Honig in den Mixtopf geben und **2 Min. / 37 °C / Stufe 2,5** erwärmen.
2. Weizenvollkornmehl, Mehl sowie Salz zugeben und **2 Min. / Teigmodus** kneten. In eine große Schüssel umfüllen und mit Frischhaltefolie abdecken. Für 1–2 Stunden bei Raumtemperatur gehen lassen, bis sich das Teigvolumen verdoppelt hat. Den Backofen auf 200 °C Ober-/Unterhitze vorheizen.

Brot zubereiten

Eine Kastenform (28,5 cm x 13,5 cm) mit Backpapier auslegen. Den Teig auf eine leicht bemehlte Arbeitsfläche geben. Flach drücken und mit den Fingern zu einem Rechteck von der Länge der Form formen. Längs aufrollen und mit der Nahtseite nach unten in die vorbereitete Form legen. Mit einem Geschirrtuch abdecken und weitere 45 Minuten gehen lassen. Die Oberseite mit einem Messer der Länge nach einritzen. In den Ofen stellen, den Ofenraum mit Wasser besprühen und 20–25 Minuten backen. Das Brot sollte hohl klingen.

Pizzaböden herstellen

2 große, runde Pizzableche mit Olivenöl einfetten. Den Teig auf eine leicht bemehlte Arbeitsfläche geben und in 2 gleiche Stücke teilen. Jedes Stück zu einem 1,5 cm dicken Kreis ausrollen. Auf die vorbereiteten Pizzableche legen und 10 Minuten ruhen lassen. Den Teig mit einer Gabel überall einstechen und nach Belieben belegen. Den Rand leicht mit Öl bestreichen und bei 250 °C Ober-/Unterhitze 15 Minuten goldbraun und knusprig backen.

Brötchen backen

Den Teig auf eine leicht bemehlte Arbeitsfläche geben und in 6 Teile teilen. Jedes Stück zu einer Kugel formen, auf ein mit Backpapier ausgelegtes Blech legen und mit einem Geschirrtuch abdecken. Ihr könnt die Brötchen nah beieinander backen, wenn ihr wollt, dass sie sich berühren. Für mindestens 45 Minuten gehen lassen. In den Backofen geben, den Ofenraum mit Wasser besprühen und 12–15 Minuten backen. Die Brötchen sollten beim Draufklopfen hohl klingen.

ergibt je
1 Glas

Dreierlei bunte Brotaufstriche

Wie wunderbar bunt diese Brotaufstriche aussehen! Sie sind nicht nur supergesund und erfordern minimalen Aufwand bei der Zubereitung, sondern können auch bis zu 1 Woche im Kühlschrank aufbewahrt werden. Die Erdnussbutter hält sich sogar 4 Wochen, wenn ihr sie bis dahin nicht eh schon aufgegessen habt. Das Rote-Bete-Hummus eignet sich hervorragend als Pausenbrot-Aufstrich. Die Erdnussbutter ist so cremig, dass man damit ein Erdnussbutter-Marmeladen-Sandwich machen kann, wie die Engländer es lieben. Oder probiert etwas Neues und mixt einen Avocado-Aufstrich zum Frühstück. Mit etwas frischem Obst oder ein paar Scheiben Avocado startet ihr gesund in den Tag.

Cremige Erdnussbutter

400 g Erdnusskerne
½ TL grobes Meersalz
25 g Ahornsirup (alternativ Agavendicksaft oder Honig)
20 g Kokosnussöl, flüssig

1. Backofen auf 200 °C Ober-/Unterhitze vorheizen.
2. Erdnusskerne auf ein Backblech geben und 5 Minuten im Backofen rösten. 10 Minuten abkühlen lassen.
3. Erdnusskerne sowie Salz, Ahornsirup und Kokosnussöl in den Mixtopf geben. Die Zutaten **1 Min. / Stufe 6** zerkleinern, dabei alle 20 Sekunden stoppen und alles mit dem Spatel nach unten schieben.
4. Erneut für **4 Min. / Stufe 5** zerkleinern, dabei alle 30 Sekunden stoppen und mit dem Spatel nach unten schieben. Anschließend **20 Sek. / Stufe 7** vermengen. Mit dem Spatel nach unten schieben. Rühreinsatz einsetzen und **1 Min. / Stufe 4** aufschlagen. Die warme Erdnussbutter in ein steriles Glas geben und vor dem Verzehr im Kühlschrank mindestens 2 Stunden abkühlen lassen. Im Kühlschrank bis zu 1 Monat haltbar.

Tipp: Spült den Mixtopf nicht sofort aus. Füllt 250 g Mandelmilch, 1 TL Kakaopulver sowie 10 g Ahornsirup hinzu und mixt die Mischung **30 Sek. / Stufe 10**. Im Handumdrehen habt ihr so einen superleckeren Erdnussbutter-Milchshake.

Rote-Bete-Hummus

5 g Petersilie
250 g Rote Bete, gekocht
1 Prise Knoblauchpulver
Saft von 1 Zitrone
1 TL Kreuzkümmelpulver
1 Dose Kichererbsen (400 g) zzgl.
  50 g Flüssigkeit aus der Dose
1 Prise grobes Meersalz
90 g Tahini
20 g Olivenöl

1. Petersilie in den Mixtopf geben und **2 Sek. / Stufe 7** zerkleinern. Mit dem Spatel nach unten schieben. Rote Bete, Knoblauchpulver, Zitronensaft, Kreuzkümmelpulver, Kichererbsen, Kichererbsen-Flüssigkeit, Salz, Tahini und Olivenöl zufügen und **10 Sek. / Stufe 10** vermischen. In ein Glas gefüllt und im Kühlschrank gelagert 1 Woche haltbar.

Avocado-Aufstrich

1 Avocado, halbiert
½ Banane
Saft von ½ Zitrone
30 g Mandelmilch

1. Avocado, Banane, Zitronensaft sowie Mandelmilch in den Mixtopf geben und dann **10 Sek. / Linkslauf / Stufe 5** cremig vermischen. Zum Frühstück auf eine Scheibe Brot streichen, mit ein paar Avocadoscheiben belegen oder den Aufstrich abends als Dip mit ein paar Stücken Karotte genießen.

Wohlfühl-Snacks

— *Bananen-Sesam-Kekse*
— *Würzige Nussmischung*
— *Schokoladen-Keks-Sandwiches*
— *Haferflockenkekse*
— *Brokkoli-Quinoa-Bites*

ergibt 24 Stück

Bananen-Sesam-Kekse

Diese Bananen-Sesam-Kekse sind unglaublich köstlich. Sie erinnern mich an die superleckeren Sesamkugeln, die ich in meinem Lieblings-Chinarestaurant gegessen habe, sind aber viel gesünder. Der Zimt in Kombination mit dem Sesam ergibt einen leckeren Snack, der sich perfekt für die Brotdosen eurer Kinder eignet.

3 reife Bananen, halbiert
240 g gemahlene Mandelkerne
80 g Ahornsirup (alternativ Agavendicksaft oder Reissirup)
1 TL Zimtpulver
150 g Buchweizenmehl
60 g heller Sesam

1. Backofen auf 170 °C Ober-/Unterhitze vorheizen. 2 Bleche mit Backpapier auslegen.
2. Bananen, gemahlene Mandelkerne, Ahornsirup, Zimt sowie Buchweizenmehl in den Mixtopf geben und **30 Sek. / Stufe 5** vermengen.
3. Sesam in eine flache Schale füllen.
4. Jeweils einen halben Esslöffel der Mischung mit den Händen zu kleinen Bällchen formen. In Sesam wälzen und auf die vorbereiteten Backbleche legen. Vorsichtig flach drücken. Diesen Vorgang mit dem restlichen Teig wiederholen, bis er aufgebraucht ist.
5. Im Backofen für 15 Minuten backen, bis die Kekse leicht braun werden. Anschließend Abkühlen lassen. In einer Dose aufbewahrt sind die Kekse bis zu 1 Monat haltbar.

ergibt
1 großes Glas á 700 ml

Würzige Nussmischung

— macht wirklich süchtig

Diese pikanten Nüsse sind genau das, was ihr braucht, wenn ihr zwischen den Mahlzeiten etwas braucht. Ich liebe Nüsse, besonders wenn sie gewürzt sind. Die Sriracha-Soße sollte in jedem größeren Supermarkt oder asiatischen Laden erhältlich sein.

1 Dose Kichererbsen (400 g)
150 g Mandelkerne
100 g Cashewkerne
15 g Chiasamen
125 g Sriracha-Chili-Soße
50 g Honig (alternativ Ahornsirup, Agavendicksaft oder Reissirup)

1. Backofen auf 160 °C Ober-/Unterhitze vorheizen. Ein Blech mit Backpapier auslegen.
2. Die Kichererbsen gründlich abspülen. Abtropfen lassen und mit einem Küchentuch trocken tupfen. In den Mixtopf geben. Dann Mandelkerne, Cashewkerne, Chiasamen, Sriracha-Chili-Soße sowie Honig zufügen und **10 Sek. / Linkslauf / Stufe 2** vermischen.
3. Die Nussmischung gleichmäßig auf dem vorbereiteten Backblech verteilen. Anschließend 30 Minuten goldbraun backen, dabei alle 10 Minuten durchmischen.

ergibt 10–12 Stück

Schokoladen-Keks-Sandwiches

Hier muss man nicht viel sagen, denn das Bild spricht für sich! Diese Schoko-Keks-Sandwiches werden mit meiner berühmten Notella (Rezeptur, die erstmals in „Übung mixt den Meister" veröffentlicht wurde) hergestellt. Der perfekte, gesunde Leckerbissen für zwischendurch, wenn ihr euch etwa nach einem Schokoriegel sehnt. Ihr könnt die übrig gebliebene Notella bis zu 2 Wochen im Kühlschrank aufbewahren. Auch die Kekse bleiben bis zu 2 Wochen in einer Dose frisch.

150 g Haselnusskerne
6 Datteln, entsteint
40 g Kakaopulver
200 g Ahornsirup
120 g Mandelmilch
1 EL Vanilleextrakt

160 g Buchweizenmehl
75 g gemahlene Haselnusskerne
1 Prise grobes Meersalz
125 g Ahornsirup
80 g natives Olivenöl extra

1. Backofen auf 200 °C Ober-/Unterhitze vorheizen.
2. Für die Notella 150 g Haselnusskerne auf ein mit Backpapier ausgelegtes Blech geben und 10 Minuten rösten. Abkühlen lassen und in den Mixtopf geben.
3. Datteln, Kakaopulver, 200 g Ahornsirup, Mandelmilch sowie Vanilleextrakt zugeben und **1 Min. 30 Sek. / Stufe 10** zerkleinern. In ein steriles Glas umfüllen und beiseitestellen.
4. Ein Blech mit Backpapier auslegen. Backofen auf 180 °C herunterschalten.
5. Für die Zubereitung der Kekse das Buchweizenmehl, die gemahlenen Haselnusskerne, Salz, 125 g Ahornsirup sowie Olivenöl in den Mixtopf geben und **20 Sek. / Stufe 6** verarbeiten. Jeweils einen Esslöffel der Mischung mit den Händen zu einem kleinen Bällchen formen. Auf das vorbereitete Backblech legen, vorsichtig flach drücken und im Backofen für 10–15 Minuten backen, bis sie leicht golden sind. Auf ein Kuchengitter geben und abkühlen lassen.
6. Einen Teil der Notella-Mischung in einen großen Spritzbeutel füllen und von einer Ecke 4 cm abschneiden. Auf die Hälfte der Kekse einen Klecks Notella spritzen und mit einem weiteren Keks belegen.

ergibt 8 Stück

Haferflockenkekse

— sie eignen sich auch gut als Keksboden für Kuchen und Torten

Es ist 15 Uhr, ihr sitzt an eurem Schreibtisch und wartet darauf, dass euch jemand einen Schokoriegel herbeizaubert? Ich habe eine bessere Idee – warum backt ihr nicht einfach eine Ladung Haferplätzchen am Abend vor der Arbeit und packt sie in eure Brotdose? Sie werden mit köstlichen Zutaten hergestellt, sind völlig glutenfrei und vegan. Das Beste ist: Sie sind in nur 20 Sekunden vorbereitet. Diese kleinen Leckereien sind auch für Kinder ein perfekter Snack in der Schulpause.

80 g glutenfreie Haferflocken zzgl. einige zum Bestreuen
1 TL glutenfreies Backpulver
1 Prise grobes Meersalz
30 g flüssiges Kokosnussöl
40 g Ahornsirup (alternativ Agavendicksaft oder Reissirup)
1 TL Vanilleextrakt
1 reife Banane, halbiert
20 g getrocknete Cranberrys (oder Rosinen)

1. Backofen auf 180 °C Ober-/Unterhitze vorheizen und anschließend ein Backblech mit Backpapier auslegen.
2. Haferflocken, Backpulver, Salz, Kokosnussöl, Ahornsirup, Vanilleextrakt, Banane sowie Cranberrys in den Mixtopf geben und **20 Sek. / Linkslauf / Stufe 4** vermengen.
3. Jeweils einen Teelöffel der Mischung auf das Backblech geben, viel Platz dazwischen lassen und jeden Keks mit der Rückseite eines Löffels leicht flach drücken. Mit ein paar Haferflocken bestreuen und im Backofen 15–20 Minuten goldbraun backen. In einer Dose aufbewahrt sind die Kekse bis zu 2 Wochen haltbar.

ergibt 12 Stück

Brokkoli-Quinoa-Bites

— ein vielseitiger kleiner Snack

Wenn ihr euch nach einem Snack sehnt und keine Lust auf etwas Süßes habt, eignen sich diese Brokkoli-Quinoa-Bites einfach perfekt. Denn sie sind klein, nahrhaft und machen schnell satt – eine gesunde Alternative zu Chips und ein toller Snack in der Pausendose. Im Kühlschrank aufbewahrt halten sich die Bites bis zu 3 Tage. Wenn ihr es etwas schärfer mögt, fügt mit dem Knoblauch eine rote Chilischote zu, und wenn ihr es etwas frischer und würziger wollt, gebt im selben Schritt noch eine Frühlingszwiebel hinzu.

1 Brokkoli, in Röschen
100 g Quinoa
1100 g Wasser
2 Knoblauchzehen, geschält
Saft und Schale von ½ Zitrone
25 g Dinkelmehl (wahlweise Vollkornmehl)
1 Prise grobes Meersalz
1 Prise schwarzer Pfeffer
10 g Olivenöl (optional)

1. Brokkoli im Varoma verteilen und Quinoa in den Garkorb einwiegen. Wasser in den Mixtopf füllen. Varoma aufsetzen und **20 Min. / Varoma / Stufe 1** kochen. Quinoa und Brokkoli zum Abkühlen beiseitestellen und den Mixtopf leeren.
2. Knoblauch mit Zitronenschale in den Mixtopf geben und **2 Sek. / Stufe 7** zerkleinern. Mit dem Spatel nach unten schieben. Abgekühlten Brokkoli, Quinoa, Zitronensaft, Dinkelmehl, Salz und Pfeffer hinzufügen. Alles **20 Sek. / Linkslauf / Stufe 3** miteinander vermengen.
3. Die Mischung zu kleinen Kugeln formen. Entweder in einer Pfanne mit etwas Olivenöl anbraten oder für eine gesündere Version auf ein mit Backpapier ausgelegtes Blech legen. Backofen auf 200 °C Ober-/Unterhitze vorheizen. Sobald er heiß ist, die Brokkoli-Quinoa-Bites für 15 Minuten backen, bis sie leicht golden sind. Mit Zaziki oder Rote-Bete-Hummus servieren.

Lieblings-Smoothies

— *A Berry Good Day*
— *Blaubeer-Schoko-Traum*
— *Supergrün*
— *Gute-Nacht-Smoothie*
— *Goldene Kurkuma-Milch*

ergibt 2 Portionen

A Berry Good Day

— Erdbeeren, Basilikum & Granatapfel

Euer Tag kann nicht besser beginnen als mit einem frischen Smoothie, der bis obenhin mit herrlichen Früchten vollgepackt ist. Dieser Drink ist einfach köstlich – die Erdbeeren und das Basilikum bilden dabei die ultimative Kombination.

150 g Erdbeeren (TK)
1 reife Banane, halbiert
Kerne von ½ Granatapfel
5 Basilikumblättchen
½ TL Vanilleextrakt
250 g Mandelmilch

1. Erdbeeren, Banane, Granatapfelkerne, Basilikum, Vanilleextrakt sowie Mandelmilch in den Mixtopf geben und **1 Min. / Stufe 10** mixen.
2. In 2 Gläser füllen und sofort oder auf dem Weg zur Arbeit genießen. Ihr könnt auch kleine To-go-Flaschen für eure Kinder vorbereiten.

WECK

ergibt 2 Portionen

Blaubeer-Schoko-Traum

— mit Kakao & Avocado

Ich liebe alles an diesem Smoothie! Er ist wie ein ganzes Frühstück im Glas – so köstlich und voller guter Zutaten. Wenn ihr es etwas weniger süß mögt, könnt ihr den Ahornsirup weglassen, und wenn ihr nicht möchtet, dass der Nussgeschmack zu dominant ist reduziert einfach die Menge an Nussbutter.

2 reife Bananen, halbiert
½ Avocado, entkernt
20 g Kakaopulver
100 g Nussmus eurer Wahl
375 g Mandelmilch
40 g Ahornsirup (optional)
50 g Blaubeeren

1. Bananen, Avocado, Kakaopulver, Nussbutter, Mandelmilch sowie Ahornsirup in den Mixtopf geben und **1 Min. / Stufe 10** mixen.
2. Die Blaubeeren auf 2 Gläser aufteilen und vorsichtig mit einer Gabel zerstampfen. Den Smoothie darübergeben und sofort oder auf dem Weg zur Arbeit genießen. Ihr könnt auch kleine To-go-Flaschen für eure Kinder vorbereiten.

ergibt 2 Portionen

Supergrün

— Brokkoli, Erbsen & Bananen

Dieser tolle grüne Smoothie ist eine gute Möglichkeit, Kinder dazu zu bringen, mehr Gemüse zu essen, ohne dass sie es überhaupt merken. Besonders wenn ihr sehr wählerische Kinder habt, die Brokkoli oder Erbsen wirklich nicht mögen, ist es die beste Idee, diese Sorten zu Smoothies zu verarbeiten. Eine großartige Möglichkeit, diese „schrecklich" aussehenden Gemüse-Monster zu verstecken. In diesem Rezept habe ich gefrorenes Gemüse verwendet, da es nicht saisonal abhängig und trotzdem superfrisch ist.

1 reife Banane, halbiert
50 g Brokkoli (TK)
50 g Erbsen (TK)
5 g Leinsamen
10 g Ingwer
250 g Orangensaft, mit Fruchtfleisch (nicht aus Konzentrat)

1. Banane, Brokkoli, Erbsen, Leinsamen, Ingwer sowie Orangensaft in den Mixtopf geben und alles **1 Min. / Stufe 10** mixen.
2. Sofort servieren oder im Kühlschrank aufbewahren. Gekühlt hält sich der Smothie bis zu 2 Tage. Ihr könnt auch kleine To-go-Flaschen für eure Kinder für die Schule oder für euch selbst für die Arbeit vorbereiten.

ergibt 2 Portionen

Gute-Nacht-Smoothie

— beruhigend und voller Magnesium

Bevor ihr zu Bett geht, ist es Zeit für einen letzten Drink. Nein, ich spreche nicht von einem Glas Wein, sondern von diesem superleckeren Gute-Nacht-Smoothie. Er enthält beruhigende Inhaltsstoffe und macht euch über Nacht glücklich und zufrieden. Keine Heißhunger-Attacken mehr um 1 Uhr morgens!

1 reife Banane, halbiert
40 g Mandelkerne
5 g Leinsamen
150 g Wasser
10 g Kokosnussöl
½ TL Vanilleextrakt

1. Banane, Mandelkerne, Leinsamen, Wasser, Kokosnussöl sowie Vanilleextrakt in den Mixtopf geben und **1 Min. / Stufe 10** mixen.
2. In kleine Gläser füllen und eine halbe Stunde vor dem Zubettgehen servieren.

ergibt
1 große Flasche

Goldene Kurkuma-Milch

— Kick für das Immunsystem

Kurkuma ist als Wundergewürz bekannt. Es wird in der asiatischen Küche verwendet und von Gesundheitsexperten für seine entzündungshemmende Wirkung gelobt. Meine Mutter trinkt jeden Morgen ein Glas Kurkuma-Wasser, und als ich ihr von der Idee der goldenen Kurkuma-Milch erzählte, war sie begeistert. Wenn ihr über den anfänglich befremdlichen Geschmack von Kurkuma hinwegsehen könnt und jeden Morgen ein Glas von diesem farbenfrohen Getränk trinkt, könnt ihr eurem Immunsystem einen Extra-Kick geben. Und während eure Kollegen dann krank zu Hause liegen, sitzt ihr produktiv am Schreibtisch und könnt über die Grippewelle nur lachen.

75 g Mandelkerne
75 g Cashewkerne
30 g Kurkuma
20 g Ingwer
20 g Honig
½ TL Vanilleextrakt
1000 g Wasser
1 Prise grobes Meersalz

1. Die Mandel- und Cashewkerne am Abend zuvor in einer Schüssel einweichen.
2. Am Morgen danach die Kerne gut abspülen und zusammen mit Kurkuma, Ingwer, Honig, Vanilleextrakt, Wasser und Salz in den Mixtopf geben. Anschließend **1 Min. / Stufe 10** mixen.
3. Ein Passiertuch in den Garkorb legen. Die Mischung über das Tuch gießen und in eine Schüssel abseihen. Die Flüssigkeit auffangen und die restlichen Kerne entsorgen. Das goldene Getränk kann bis zu 5 Tage im Kühlschrank aufbewahrt werden. Jeden Morgen 1 Glas davon trinken und euer Immunsystem wird euch danken.

Hauptspeisen

- *Kürbis-Ingwer-Suppe*
- *Blumenkohlpizza*
- *Gebackene Falafelburger*
- *Würzige Lammhackbällchen*
- *Glutenfreie Pasta*

ergibt 4 Portionen

Kürbis-Ingwer-Suppe

— scharf und supercremig

Eine meiner Lieblings-Geschmackskombinationen ist Butternusskürbis mit Ingwer. Ich mag diese Suppe, weil sie sowohl süß als auch würzig und so unglaublich cremig ist. Wenn ihr es weniger scharf mögt, lasst einfach den Cayennepfeffer weg – allerdings verleiht er dem Gericht einen gewissen Kick. Wenn ihr noch Suppe übrighabt, könnt ihr sie als Mittagessen mit ins Büro nehmen. Bewahrt sie portionsweise in Einmachgläsern auf.

½ großen Butternusskürbis, in 3 cm großen Würfeln
30 g Ingwer, in kleinen Stücken
1 rote Zwiebel, geschält und halbiert
2 Knoblauchzehen, geschält
30 g natives Olivenöl extra
1 Dose Kokosnussmilch light
500 g Wasser (für eine dickere Suppe nur 300 g verwenden)
2 Gemüse-Brühwürfel (oder 2 EL selbst gemachte Gemüsebrühpaste)
½ TL Korianderpulver
1 Prise Cayennepfeffer
½ TL grobes Meersalz
½ TL schwarzer Pfeffer
1 TL edelsüßes Paprikapulver

1. Backofen auf 200 °C Ober-/Unterhitze vorheizen.
2. Ein Backofenrost mit Backpapier auslegen. Die Kürbisstücke darauf verteilen und 20 Minuten rösten.
3. Währenddessen den Ingwer, die rote Zwiebel sowie den Knoblauch in den Mixtopf geben und **2 Sek. / Stufe 7** zerkleinern. Olivenöl zugeben und **5 Min. / 120 °C / Stufe 1** andünsten.
4. Gerösteten Kürbis, Kokosnussmilch, Wasser, Gemüsebrühe, Koriander, Cayennepfeffer sowie Paprika zugeben und **15 Min. / 100 °C / Sanftrührstufe** kochen.
5. Die Suppe anschließend **30 Sek. / Stufe 4–8** aufsteigend pürieren und dabei darauf achten, dass der Messbecher den Deckel sicher verschließt. Sofort servieren. Die Reste könnt ihr bis zu 3 Tage im Kühlschrank aufbewahren oder sie in Gläsern als Mittagessen mitnehmen.

ergibt 1 große Pizza
oder 2 kleine

Blumenkohlpizza

— ein glutenfreies Gericht mit dem Extra an Gemüse

Wenn ihr euch glutenfrei ernährt, dann ist dies die perfekte Pizza – ein super Gericht zum Abendessen. Der Blumenkohlboden ist so lecker und ihr könnt ihn mit allem belegen, worauf ihr Lust habt. Falls ihr wählerische Kinder habt, die nicht gern Gemüse essen, könnt ihr sie mit dieser leckeren Pizza sicher überzeugen.

750 g Blumenkohl
1000 g Wasser
100 g Mandelkerne, gemahlen
2 Eier
1 EL getrockneter Oregano

1 Knoblauchzehe
1 Dose stückige Tomaten
10 g Tomatenmark
½ TL grobes Meersalz
1 Prise schwarzer Pfeffer
5 g Agavendicksaft (oder Ahornsirup)
1 TL getrockneter Oregano

1 Aubergine, längs in dünne Scheiben geschnitten
1 rote Zwiebel
etwas Öl zum Braten
100 g Mozzarella oder Feta
10 g frisches Basilikum

1. Backofen auf 200 °C Ober-/Unterhitze vorheizen.
2. Für den Boden die Hälfte des Blumenkohls in den Mixtopf geben und **2 Sek. / Stufe 5** zerkleinern. In den mit Backpapier ausgelegten Varoma geben. Den Vorgang mit der anderen Hälfte des Blumenkohls wiederholen.
3. Wasser in den Mixtopf geben, Varoma aufsetzen und den Blumenkohl **18 Min. / Varoma / Stufe 1** garen. Umfüllen und zum Abkühlen beiseitestellen, Mixtopf spülen.
4. Den abgekühlten Blumenkohl in den Mixtopf geben. Gemahlene Mandelkerne, Eier und 1 EL getrockneten Oregano zufügen, **15 Sek. / Linkslauf / Stufe 3** vermischen. Möglicherweise müsst ihr den Spatel zuhilfe nehmen, um alles komplett zu vermengen. Die Mischung entweder auf ein mit Backpapier ausgelegtes Backblech oder auf zwei runde Pizzableche geben. Gleichmäßig verteilen, einen Kreis oder ein Rechteck formen, dabei den Rand etwas dicker formen. Im Backofen für 18 Minuten backen.
5. Währenddessen den Mixtopf reinigen. Für den Belag den Knoblauch in den Mixtopf geben und **2 Sek. / Stufe 7** zerkleinern. Mit dem Spatel nach unten schieben. Stückige sowie Tomatenmark, Salz, Pfeffer, Agavendicksaft und 1 TL Oregano zugeben, alles **10 Sek. / Stufe 6** pürieren. In eine kleine Schüssel füllen und beiseitestellen.
6. Aubergine in lange dünne Scheiben schneiden und kurz in einer Grillpfanne anbraten. Zwiebel in 8 Spalten schneiden und in einer Pfanne mit etwas Öl einige Minuten braten.
7. Pizzaboden aus dem Ofen nehmen, mit Tomatensoße bestreichen, dann mit Aubergine und Zwiebeln sowie Käse belegen. Erneut für 15 Minuten backen. Mit frischem Basilikum garnieren und sofort servieren.

ergibt 2 große Burger
oder 4 kleine

Gebackene Falafelburger

— ein toller Sattmacher

Manchmal sehnt man sich in der Mittagspause nach etwas mehr als nur einem Salat. Diese superleichten und leckeren Falafelburger liefern genau die richtige Portion Proteine für den Tag. Man kann sie für die Kinder zubereiten und die Brotbox damit bestücken oder sie selbst mit zur Arbeit nehmen. Aus der Masse lassen sich auch toll Mini-Falafeln zubereiten.

25 g frischer Koriander
2 Knoblauchzehen
2 Frühlingszwiebeln
1 Dose Kichererbsen (400 g), abgetropft
1 TL gemahlener Kümmel
½ TL geräuchertes Paprikapuvler
25 g Dinkelmehl (wahlweise Vollkorn)
Saft von ½ Zitrone
20 g natives Olivenöl extra
½ TL grobes Meersalz
½ TL schwarzer Pfeffer

1. Backofen auf 200 °C Ober-/Unterhitze vorheizen.
2. Ein Blech mit Backpapier auslegen. Koriander, Knoblauch sowie Frühlingszwiebeln in den Mixtopf geben und **2 Sek. / Stufe 7** zerkleinern. Mit dem Spatel nach unten schieben. Kichererbsen, Kümmel, Paprikapulver, Dinkelmehl, Zitronensaft, Olivenöl, Salz und Pfeffer zugeben, **10 Sek. / Stufe 6** vermengen. Sollte die Mischung noch nicht richtig verarbeitet sein, den Vorgang 10 Sekunden wiederholen.
3. Mit den Händen aus der Masse 2 große oder 4 kleine Patties formen. Die Mischung ist zwar ziemlich klebrig, sollte aber recht gut zu handhaben sein. Die großen Burger im Ofen für 20–25 Minuten bzw. die kleineren für 15–20 Minuten backen.
4. Ihr könnt die Burger-Patties heiß oder kalt in Vollkornbrötchen mit Krautsalat, Rucola und einer Scheibe Tomate servieren.

ergibt 4 Portionen

Würzige Lammhackbällchen

— mit aromatischen Dinkelfladenbroten

Das ist mein Lieblings-Mittagessen – ich liebe Lammhackbällchen! Trotzdem gab es eine Zeit, in der ich kein Lamm gegessen habe, weil ich den Geschmack nicht mochte. Aber seitdem ich dieses superleckere Fleischbällchen-Rezept entdeckt habe, bin ich verrückt nach Lamm. Die Dinkelfladenbrote passen sehr gut dazu und werden mit dem gewürzten Joghurt zu einem perfekten Mittagessen kombiniert. Man kann die Bällchen heiß oder kalt genießen und sie sind auch toll für die Brotdosen eurer Kinder.

200 g Dinkelmehl (wahlweise Vollkorn) zzgl. etwas mehr zum Bestäuben
120 g Wasser
30 g Kokosnussöl
½ TL grobes Meersalz

400 g griechischer Joghurt
½ TL Zimtpulver
½ TL Kashmiri-Chilipulver

2 Knoblauchzehen
10 g frische Minze
10 g frischer Koriander
500 g Lammhackfleisch
1 TL Garam Masala
½ TL Kashmiri-Chilipulver
1 TL Meersalzflocken
30 g Rapsöl

1. Für die Fladen Dinkelmehl, Wasser, Kokosnussöl und Salz in den Mixtopf geben, **1 Min. / Teigmodus** mixen. Auf eine leicht bemehlte Arbeitsfläche geben und in 4 Teile teilen. Eine große Pfanne auf mittlerer Stufe erhitzen. Ein Fladenbrot fast auf die Größe der Bratpfanne ausrollen, ca. 18 cm Durchmesser und 0,3 cm Dicke. Fladenbrot von jeder Seite ca. 45 Sekunden backen, bis es gar und leicht gebräunt ist. Fertige Brote in ein warmes Geschirrtuch wickeln, während die übrigen Brote und später die Lammhackbällchen zubereitet werden. Mixtopf reinigen.
2. Für den Dip den griechischen Joghurt, Zimt sowie ½ TL Kashmiri-Chilipulver in den Mixtopf geben und **10 Sek. / Stufe 2,5** vermischen. In eine kleine Schüssel geben und beiseitestellen. Mixtopf erneut reinigen.
3. Für die Bällchen Knoblauch, Minze sowie Koriander in den Mixtopf geben und **1 Sek. / Turbo** 3- bis 4-mal zerkleinern, bis alles fein gehackt ist. Mit dem Spatel nach unten schieben. Lammhack, Garam Masala, ½ TL Kashmiri-Chilipulver sowie Salz in den Mixtopf geben und **10 Sek. / Stufe 6** vermengen. Mit den Händen kleine Bällchen formen, auf einen Teller geben.
4. Rapsöl in einer beschichteten Pfanne erhitzen und die Fleischbällchen 10 Minuten goldbraun braten, bis sie gar sind. Bällchen mit Joghurt und Fladenbroten servieren. Ihr könnt vorher einen kleinen Gurkensalat zubereiten und diesen zusammen mit den Bällchen in die Fladenbrote füllen.

Glutenfreie Pasta

Wer sagt, dass Pasta viel Gluten enthalten muss? Auch ohne Nudelmaschine könnt ihr diesen glutenfreien Nudelteig in wenigen Minuten herstellen. Er ist so elastisch, dass man Linguine, Ravioli und mehr herstellen kann, sobald man ihn auf die gewünschte Dicke ausgerollt hat. Am besten schmecken die Nudeln mit frischer Tomatensoße. Die restlichen könnt ihr auf einem bemehlten Rost trocknen. Ihr werdet euch wundern, was man im Haus alles entdeckt, was sich zum Trocknen von Pasta eignet …

150 g Reismehl
zzgl. etwas mehr zum Bestäuben
50 g Kartoffelstärke
25 g Maisstärke
2 EL Flohsamenschalenpulver
½ TL grobes Meersalz
3 Eier
10 g natives Olivenöl extra

1. Reismehl, Kartoffelstärke, Maisstärke, Flohsamenschalenpulver, Salz, Eier sowie Olivenöl in den Mixtopf geben und **20 Sek. / Stufe 6** vermengen. (Es ergibt einen ziemlich krümeligen Teig.)
2. Teig auf eine leicht bemehlte Arbeitsfläche geben. Zu einer Kugel formen und in Frischhaltefolie wickeln. 10 Minuten ruhen lassen. Aus der Folie nehmen und halbieren. Eine Hälfte wieder in Frischhaltefolie oder ein feuchtes Geschirrtuch wickeln.
3. Die andere Hälfte des Teigs in ein ca. 0,3 cm langes, dünnes Rechteck ausrollen. Es sollte sich leicht ausrollen lassen – wenn der Teig sehr klebt, die Oberfläche einfach immer wieder leicht bemehlen. Einmal auf die gewünschte Dicke gerollt, könnt ihr das Rechteck in der Mitte falten und in Linguine schneiden oder Kreise ausstechen, um Ravioli herzustellen. Ihr könnt auch eine Nudelmaschine zur Herstellung von Spaghetti verwenden. Oder schneidet das Rechteck in gleich große Stücke und trocknet es zu Lasagneblättern. Den Vorgang mit der anderen Hälfte des Teigs wiederholen. Die getrockneten Nudeln können bis zu 4 Wochen trocken gelagert werden.

Süßes

— *Weihnachtlicher Karottenkuchen*
— *Key Lime Pie ohne Reue*
— *Schoko-Schock-Eiscreme*
— *Gesunde Zitronentarte*
— *Mehlfreie Rote-Bete-Schoko-Tarte*

ergibt
10–12 Stücke

Weihnachtlicher Karottenkuchen

— gesunde Variante des Klassikers

Karottenkuchen ist in unserer Familie das Hightlight auf dem Kaffeetisch. Wir lieben ihn, aber weil alle vor Kurzem eine Diät begonnen haben, habe ich mit einer Version des traditionellen Kuchens experimentiert, sodass ihn jeder ohne Reue essen kann. Das Ergebnis ist erstaunlich: ein weihnachtlich gewürzter Karottenkuchen, der gut aufgeht und schön fluffig ist. Ihr könnt auch etwas Joghurt oder Sahne dazureichen, aber das ist nicht unbedingt notwendig.

150 g Karotten, in 4 cm großen Stücken
225 g Dinkelmehl (wahlweise Vollkorn)
1 EL Backpulver
1 Prise grobes Meersalz
1 TL Zimtpulver
¼ TL gemahlene Muskatnuss
120 g Apfelmus (mit wenig Zucker oder selbst gemacht)
55 g Rohrzucker
Saft von ½ Orange
100 g Mandelmilch
20 g Agavendicksaft (alternativ Ahornsirup oder Reissirup)
60 g Sonnenblumenöl
50 g Walnusskerne

1. Backofen auf 180 °C Ober-/Unterhitze vorheizen. Eine Springform (Ø 20 cm) mit Backpapier auslegen.
2. Karotten in den Mixtopf geben und **4 Sek. / Stufe 5** zerkleinern. Mit dem Spatel nach unten schieben. Dinkelmehl, Backpulver, Salz, Zimt, Muskatnuss, Apfelmus, Rohrzucker, Orangensaft, Mandelmilch, Agavendicksaft, Sonnenblumenöl sowie Walnusskerne zugeben und alles **20 Sek. / Stufe 5** vermischen.
3. Den Teig in die vorbereitete Springform füllen und im Backofen 40 Minuten backen, bis er goldbraun ist und beim Stäbchentest kein Teig mehr haften bleibt. Anschließend 10 Minuten abkühlen und dann auf einem Kuchengitter komplett auskühlen lassen. Nach Belieben den Kuchen mit Puderzucker bestäubt servieren.

ergibt
10–12 Stücke

Key Lime Pie ohne Reue

Key Lime Pie ist seit fast 20 Jahren mein Lieblings-Sommerdessert. Zum ersten Mal habe ich sie probiert, als ich ungefähr sechs Jahre alt war und wir auf den Florida Keys waren. Die Pie war so lecker und ich erinnere mich, dass ich eine Postkarte mit dem Rezept für die original Florida Key Lime Pie mit nach Hause nahm. Das Beste daran ist: Diese Pie lässt sich gut für bis zu 1 Woche im Kühlschrank lagern und sie ist perfekt als Dessert geeignet, weil sie praktisch nur Obst und Gemüse enthält. Ich habe diesem Rezept sogar meine neueste Entdeckung hinzugefügt: eine vegane Baiserhaube. Probiert es aus, es ist fantastisch!

80 g glutenfreie Haferflocken
1 TL glutenfreies Backpulver
1 Prise grobes Meersalz
30 g flüssiges Kokosnussöl
40 g Ahornsirup (alternativ Agavendicksaft oder Reissirup)
1 TL Vanilleextrakt
1 reife Banane, halbiert

3 feste, aber reife Avocados, entkernt
½ feste, aber reife Mango, entkernt
200 g Cashewkerne
Schale von 3 unbehandelten Limetten
100 g Limettensaft
100 g Agavendicksaft (alternativ Ahornsirup oder Reissirup)

200 g flüssiges Kokosnussöl
Flüssigkeit von 1 Dose Kichererbsen (400 g) (aus den Kichererbsen könnt ihr Hummus zubereiten)
½ TL Weinsteinbackpulver
40 g Rohrzucker
½ TL Vanilleextrakt

1. Backofen auf 180 °C Ober-/Unterhitze vorheizen. Eine Tarteform (Ø 22 cm) mit Hebeboden mit Backpapier auslegen.
2. Für den Boden Haferflocken, Backpulver, Salz, 30 g Kokosnussöl, Ahornsirup, Vanilleextrakt und Banane in den Mixtopf geben, **20 Sek. / Linkslauf / Stufe 4** vermengen. Teig auf den Boden der Form geben und 15 Minuten goldbraun backen. Abkühlen lassen.
3. Den Mixtopf reinigen. Für den Belag Avocados, Mango, Cashewkerne, Limettenschale und -saft, Agavendicksaft sowie 200 g Kokosnussöl in den Mixtopf geben und **10 Sek. / Stufe 6** zerkleinern. Mit dem Spatel nach unten schieben. Erneut **1 Min. / Stufe 10** mixen. Ggf. zwischendurch unterbrechen. Falls sich eine Blase bilden sollte, diese auflösen – habt ein Auge darauf.
4. Mischung auf den kalten Boden geben. 2 Stunden im Kühlschrank abkühlen lassen.
5. Für die Meringue den Rühraufsatz einsetzen. Kichererbsenflüssigkeit mit Weinstein in den Mixtopf geben und **4 Min. / Stufe 3,5** vermischen. Erneut **1 Min. / Stufe 3,5** verrühren, dabei Zucker und ½ TL Vanilleextrakt durch die Deckelöffnung zugeben. Meringue über die gekühlte Pie geben, leicht flambieren und anschließend servieren.

ergibt 4 Portionen

Schoko-Schock-Eiscreme

— ein veganes Dessert mit nur 4 Zutaten

Könnt ihr euch eine Welt vorstellen, in der Schokoladeneis keine Sünde mehr ist? Dieses schokoladige Eis ist eine der besten Erfindungen, wie ich finde. Die Bananen verleihen dem Eis einen süßlichen Geschmack und die Avocado sorgt für die großartige cremige Textur. Dieses Eis ist ein supergesundes Nasch-Vergnügen für Kinder. Ihr könnt den Ahornsirup auch weglassen, wenn ihr es weniger süß mögt. Probiert es einfach aus und fügt ganz nach Geschmack Süße hinzu. Wer es fruchtig mag, serviert das Eis mit gefrorenen Himbeeren als Topping.

3 Bananen
½ reife Avocado, entkernt
40 g Kakaopulver
40 g Ahornsirup (optional)

1. Schneidet am Tag, bevor ihr das Eis zubereiten wollt, die Bananen in kleine Stücke (ca. 3 cm). Verpackt sie in einen Gefrierbeutel, gebt sie für 8 Stunden in das Gefrierfach.
2. Am nächsten Tag Bananen, Avocado, Kakaopulver sowie Ahornsirup in den Mixtopf geben und alles **30 Sek. / Stufe 6** vermischen. Mit dem Spatel nach unten schieben. Den Rühraufsatz einsetzen und die Creme **1 Min. / Stufe 4** verrühren. Danach sofort servieren oder einfrieren. Gefrorenes Eis 5 Minuten vor dem Servieren aus dem Gefrierfach nehmen, damit es weicher wird.

ergibt
12 Stücke

Gesunde Zitronentarte

Im Sommer liebt jeder Zitronentarte, Zitroneneis oder etwas Erfrischendes und Zitrusartiges. Ich habe mich vor Kurzem daran gemacht, mein beliebtes Zitronenriegel-Rezept in eine gesunde Version umzuwandeln, und habe diese Zitronentarte kreiert. Sie ist das perfekte Dessert nach einer üppigen Mahlzeit. Ihr könnt aber auch kleine Zitronenriegel daraus machen, indem ihr eine quadratische 20-cm-Form verwendet und die Tarte in Riegel schneidet. Man muss den Mandelboden nicht unbedingt backen, aber ich finde, das verleiht dem Dessert einen schönen Röstgeschmack.

200 g Mandelkerne
60 g Kokosnussraspel (ungesüßt)
30 g Ahornsirup (alternativ Agavendicksaft oder Reissirup)

230 g Cashewkerne
200 g kochendes Wasser
10 g weiße Chiasamen
145 g Ahornsirup (alternativ Agavendicksaft oder Reissirup)
Schale von 3 Zitronen
120 g Zitronensaft
1 Prise Kurkumapulver (optional)
60 g Wasser
1 Prise grobes Meersalz
180 g Kokosnussöl, flüssig

1. Backofen auf 180 °C Ober-/Unterhitze vorheizen.
2. Für den Boden Mandelkerne, Kokosraspel sowie Ahornsirup in den Mixtopf geben und **10 Sek. / Stufe 10** zerkleinern. In eine Tarteform (Ø 24 cm) geben. Am Boden und an den Seiten gut andrücken, um den Boden der Tarte zu formen. Im Backofen 5 Minuten backen, bis sich Röstaromen bilden und der Boden leicht braun wird. Im Kühlschrank abkühlen und aushärten lassen. Den Mixtopf spülen.
3. Für den Belag Cashewkerne in eine Schüssel geben und mit 200 g kochendem Wasser übergießen. Anschließend 10 Minuten einweichen lassen, dann das Wasser abgießen und die Cashews in den Mixtopf geben.
4. Chiasamen, Ahornsirup, Zitronenschale sowie -saft, Kurkuma, Wasser, Salz und Kokosnussöl zufügen, **1 Min. 30 Sek. / Stufe 10** zerkleinern. Über den kalten Tarteboden geben und mindestens 2 Stunden im Kühlschrank kalt stellen. Ihr könnt die Tarte auch einfrieren, um ein noch erfrischenderes Sommerdessert zu erhalten.

ergibt
10–12 Stücke

Mehlfreie Rote-Bete-Schoko-Tarte

Manchmal ist es nicht einfach, einen guten Kuchen zu finden, der schön fluffig wird und noch dazu glutenfrei ist. Diese mehlfreie Rote-Bete-Schoko-Tarte schmeckt einfach himmlisch. Serviert sie gleich nach dem Backen lauwarm oder kalt mit griechischem Joghurt. Zudem empfehle ich euch, ein paar ganze Nüsse zum Teig zu geben. Ihr könnt ihn auch in einer quadratischen Form backen, so erhaltet ihr köstliche Brownies. Und wenn ihr die Tarte mit zur Arbeit nehmt, werdet ihr in der Mittagspause die beliebteste Person sein – sda könnt ihr euch sicher sein!

125 g Zartbitterschokolade (mind. 70 %), in Stücken
300 g gekochte Rote Bete, geschält
4 Eier
40 g Ahornsirup
1 TL Vanilleextrakt
30 g Backkakaopulver
1 EL glutenfreies Backpulver
1 Prise Meersalz
125 g gemahlene Mandelkerne
40 g natives Olivenöl extra

1. Den Backofen auf 180 °C Ober-/Unterhitze vorheizen. Eine Springform (∅ 22 cm) mit Hebeboden mit Backpapier auskleiden.
2. Schokolade in den Mixtopf geben und **5 Sek. / Stufe 7** zerkleinern. Mit dem Spatel nach unten schieben und anschließend **3 Min. / 37 °C / Stufe 2** schmelzen. In eine Schüssel umfüllen und beiseitestellen.
3. Rote Bete, Eier, Ahornsirup sowie Vanilleextrakt in den Mixtopf geben und **30 Sek. / Stufe 5** vermengen. Mit dem Spatel nach unten schieben. Danach Kakaopulver, Backpulver, Salz, Mandelkerne, Olivenöl sowie geschmolzene Schokolade zufügen und **20 Sek. / Stufe 4** vermischen.
4. Den Teig in die vorbereitete Tarteform geben und 30–35 Minuten backen. Wenn die Tarte die Stäbchenprobe besteht, ist sie fertig. In der Form für 10 Minuten abkühlen lassen. Ihr könnt die Tarte auch schon etwas früher aus dem Ofen nehmen, wenn ihr es ein bisschen klitschiger mögt.

Noch nicht genug?

Wenn ihr auf den Geschmack für leckere Rezepte mit dem Thermomix® gekommen seid, besucht gern meinen Online-Shop unter www.sophiaskitchen.de, wo ihr meine anderen Bücher findet. Sämtliches Zubehör, das ich in diesem und anderen Büchern verwendet habe, wie z. B. Passiertuch, Teigschaber, Brotgärkörbe usw., findet ihr ebenfalls in meinem Online-Shop.

Erstmals veröffentlicht in Großbritanien 2017 von Sophia Handschuh
Anfragen: admin@thermomixbakingblogger.com
www.thermomixbakingblogger.com

Text © Sophia Handschuh
Design © Sophia Handschuh and Jesse Sutton-Jones
Textgestaltung und Schriftsatz durch Anna Green bei siulendesign.com
Fotografien © Sophia Handschuh
Übersetzung aus dem Englischen durch Vivien Windel